LE DIABLE

ET

SES MÉTAMORPHOSES

ÉTUDE HISTORIQUE

PAR

LE BIBLIOPHILE C. P.

PARIS

LIBRAIRIE SANDOZ & THUILLIER
4, rue de Tournon, 4

NEUCHATEL   GENÈVE

LIBRAIRIE JULES SANDOZ   LIBRAIRIE DESROGIS

1882

Tous droits réservés

LE DIABLE

ET

SES MÉTAMORPHOSES

Neuchâtel.

LE
DIABLE

ET

SES MÉTAMORPHOSES

—

ÉTUDE HISTORIQUE

PAR

LE BIBLIOPHILE C. P.

PARIS

LIBRAIRIE SANDOZ & THUILLIER
4, rue de Tournon, 4

NEUCHATEL } **GENÈVE**
LIBRAIRIE JULES SANDOZ } LIBRAIRIE DESROGIS

1882

Tous droits réservés

AVANT-PROPOS

Ce petit ouvrage sur le Diable fera peut-être scandale dans quelque bonne ville bien retardée et bien crédule. Ce scandale, nous ne l'avons ni voulu, ni cherché, mais à ceux qui crieront au scepticisme, même à l'impiété, nous répondrons que toutes les opinions sincères, fortifiées de citations et de faits, ont droit à se faire jour. On soumet d'ailleurs, ci et là, notre raison et notre crédulité à de si rudes épreuves, à de si exorbitants enseignements, qu'il ne doit pas paraître étrange qu'il se trouve, en trop petit nombre, hélas! quelques voix et plumes indociles.

Nous avouerons franchement nos torts. Ils ne consistent pas dans quelques appréciations peut-être hasardées, dans quelques critiques plus ou moins justifiées. Le tort qu'on ne saurait, avec raison, nous pardonner, c'est d'avoir, en finissant, révoqué en doute l'existence d'un Satan, avec ou sans cornes et queue, toujours prêt à nous lancer dans sa chaudière bouillante. — Pourquoi s'attaquer à Satan, qui fait si bien les affaires de tant de gens, et qui est d'un si bon rapport et fermage pour tant d'autres ?! Voilà notre tort impardonnable.

« *Di colpa tale pentirmi non so.* »

Le Bibliophile C. P.

19 Février 1882.

I

INTRODUCTION

Dans les années 1836 à 1845, la vogue et la
mode étaient aux Physiologies. On écrivit la
Physiologie du Poète, du *Législateur*, de la *Fille
sans nom*, etc., etc., sans compter celle de tous
les contemporains plus ou moins célèbres. Personne ne s'avisa d'écrire la *Physiologie du Diable*,
et certes, il y avait beaucoup à dire; elle n'eût
pas été la moins intéressante de toutes. — C'est
cette lacune que nous avons la présomption de
combler, tant bien que mal, en donnant une
idée des diverses transformations (nous allions
dire : transfigurations) du Diable à travers les
âges et chez les poètes de tous les temps.

Dans cette même période (1836-45)', le

fertile romancier Frédéric Soulié écrivit les *Mémoires du Diable*. Cet ouvrage, entièrement d'imagination, ne traite pas directement du démon qu'évoque la diabolique sonnette du baron Luizzi. C'est un roman ou un récit d'intrigues intéressantes et échevelées des mœurs corrompues de l'époque, plutôt qu'un traité sur le roi des enfers.

En 1869 parut un ouvrage d'opulente érudition : *Geschichte des Teufels*, par Gustave Roskoff, professeur à la faculté impériale de théologie protestante à Vienne. Cette histoire du Diable (dont il a été donné un compte-rendu intéressant dans la *Revue des deux Mondes*, en 1870, par M. Albert Réville) est un traité sérieux et scientifique au point de vue religieux et archéologique, mais il traite surtout avec détails l'histoire des sorciers et de leur exorcisme, que nous ne ferons qu'effleurer dans notre Physiologie. Quant au *Diable boiteux* de Le Sage, c'est une œuvre d'imagination qui n'a aucun rapport avec le présent travail.

En 1864 parut un livre fort sérieux de Benjamin Gastineau : *Monsieur et Madame Satan*, gros volume de 500 pages. (Paris, tous libraires, 1864.) Ce livre est plein de recherches et de faits fort intéressants ; c'est une histoire complète de Satan et de ses méfaits : Satan est l'auteur de tous les maux qui ont affligé l'humanité : mal moral, mal physique, politique, cosmique, etc. C'est le récit des diverses manifestations du Diable sur tous les points. L'histoire des sorciers et sorcières y est racontée tout au long. Malgré l'intérêt qu'offre ce travail sérieux, la question des transformations du Diable n'y est pas traitée, comme dans cet opuscule, à travers les poètes de tous les âges.

II

LE VIEUX SATAN

Qu'il s'appelle Ahrimane, Baal, Moloch[1], Lucifer, Astaroth, Belzebuth ou Satan, tous les peuples et tous les hommes ont toujours cru au mal, au génie du mal, personnifié dans un être souverainement et puissamment malfaisant. Cette universelle croyance a même été invo-

[1] Moloch ou Melech (le Roi), Baal (le Seigneur).

En Canaan, le culte de Baal est licencieux, tandis que celui du Moloch est sombre et demande des victimes humaine de haute qualité.

Le Moloch carthaginois est le plus épouvantable. Il exige le sacrifice des premiers nés.

L'affreux Moloch carthaginois est en bronze ; il a les mains étendues. On lui jette les innocentes victimes, qui glissent dans la fournaise ardente.

Albert Réville, *Revue des deux Mondes 1879.*

quée comme une preuve de l'existence de ce génie du mal appelé de noms divers et que nous résumerons dans le Diable ou Satan.

La crainte et la peur ont toujours dominé chez l'homme de toutes les nations et de tous les temps. Tel est le motif pour lequel tous ont admis un génie bienfaisant et un mauvais génie à redouter. Mais toujours aussi, les Dieux ou les génies malfaisants ont été craints et plus encensés que les bons. Une preuve en est dans cette naïve prière des habitants de Madagascar :

« Oh ! Zamhor, esprit du bien ! nous ne « t'adressons pas de prières. Le Dieu bon n'a « pas besoin qu'on le prie. Oh ! toi, Nyang, « méchant et puissant esprit, ne fais pas gron- « der ton tonnerre sur nos têtes ! Epargne nos « fruits des campagnes ; ne fais pas sécher le riz « dans sa fleur ; ne fais pas accoucher nos « femmes dans les jours maudits ! »

Or, le Diable, cet être épouvantable auquel l'humanité dut tant de préjugés et de terreurs, tant de victimes et d'affreux holocaustes, est aujourd'hui devenu, grâce au temps et aux lumières, un intéressant sujet de méditation et de poésie. C'est ce que nous essayons d'esquisser rapidement, en suivant ses transformations jusqu'à nos jours, d'après les poètes anciens et modernes.

L'Ahrimane juif, le Satan biblique, n'était pas, à son origine, un très méchant Diable, mais une espèce de valet de la justice de Jehova, dont il exécutait la volonté et les arrêts. Ainsi il étrangle, d'après ses ordres, les sept premiers maris de Sarah, femme de Tobie[1]. Il déchaîne la foudre, la tempête et les ouragans, les maladies et les faux amis[2] contre le pauvre Job assis sur son fumier. (Quant aux faux amis, l'insuccès ou l'infortune remplace de nos jours

---

[1] Quant à Tobie, le huitième mari, s'il ne fut pas étranglé, il le dut à son obéissance, à sa continence de trois nuits, mais aussi à la sage précaution prise par l'ange Raphaël :

« Cependant alors, l'ange Raphaël prit le démon et l'alla lier dans le désert de la Haute-Egypte. »

Tobie VIII, 3.

[2] Satan se trouve au milieu des enfants de Job.

Job I, 6.

avantageusement Satan.) — Ailleurs, toujours d'après les arrêts de Jehova, il châtie les coupables et protège le juste, en sa double qualité d'ange de la mort et de grand justicier.

Peu à peu et surtout après leur retour de captivité, les Juifs transforment cet obéissant valet de justice en Satan, esprit du mal. Le roi Ochosias le consulte sur la maladie qui le dévore. C'est bientôt l'ennemi accusateur[1], le calomniateur. Il devient l'adversaire ennemi de Dieu[2], l'être malfaisant par excellence, l'ange des ténèbres, etc., etc. C'est Belzebuth ou Beelzebuth, le Dieu mouche d'Accaron ou le Dieu de l'ordure; c'est Belial, c'est Asmodée, Dieu de la volupté! On ne peut que mentionner, en passant, le démon femelle Lilith la nocturne, épouse de Satan et séductrice des humains (voir Isaïe)[3]. Démons femelles : Astarté la cornue, Aschera, Mylitta la Babylonienne.

[1] Satan accusateur, à côté du grand prêtre Jésus.

Zacharie V, 2.

[2] Satan en hébreu : Adversaire.

[3] Voir Matth. XII, 24, Luc V, 15, Marc III, 22, etc.

Le mot Diable (διαϐολος) des pères grecs n'est que la traduction libre de l'hébreu : Satan. Il passe, ainsi que Beelzebuth, dans le Nouveau Testament comme prince des démons et des anges rebelles[1].

Le nouveau dogme chrétien l'admet tout entier, comme la puissance infernale, source du mal, jusqu'au point que Satan essaye de séduire Jésus-Christ lui-même et de le tenter!!—D'après les pères, Dieu, origine de tout bien, ne consent à la coexistence du mal que pour prouver à l'homme qu'il jouit de son entière liberté entre le bien et le mal. — Nous ne suivrons pas les longs débats de la casuistique à ce sujet; nous dirons seulement et sans commentaire que

---

[1] Effrayantes chez les barbares, les personnifications du mal soutiennent l'examen de la raison dans la théogonie d'Hésiode et dans les poèmes d'Homère :

« Les hommes ont de tous temps créé les Dieux et les « Démons à leur image et à l'effigie de leurs craintes, « de leurs passions et de leurs désirs. »

Les Platoniciens enlevaient tout caractère odieux aux démons, en leur donnant le rang de puissances inférieures de la divinité et chargées d'incarner son action, de manifester ses jugements et ses volontés. Il en était comme de Satan chez les Juifs, en principe, exécuteur des arrêts de Jéhovah.

l'idéalisme humain [1] a constamment cherché à s'expliquer, sans pouvoir y parvenir, le dualisme d'un être bon et parfait avec un monde ténébreux et mauvais [2].

[1] D'après Vacherot, « l'erreur de l'idéalisme est d'imaginer, au-dessus du monde sensible, un monde parfait « non moins réel, d'où la difficulté de comprendre comment et pourquoi il existe un monde imparfait.. »

[2] De là le culte des deux principes, de là les bons et les mauvais génies : les Agathodémons et les Cacodémons.

III

SATAN AU MOYEN-AGE

Pendant de longs siècles, siècles de ténèbres et de sang, tout devient soumis à l'infernale puissance de Satan. Son nom seul fait pâlir les plus vaillants ; il hante les vieilles abbayes, les châteaux et les ruines. Il livre de rudes attaques aux fidèles. Toute richesse suspecte provient de lui ; il achète les âmes ; il envahit les corps par la possession diabolique. Il affecte toutes les formes et prend successivement tous les visages ; mais sa forme la plus connue et traditionnelle est un corps long, disgracieux et fluet, une tête hideuse, armée de cornes, une bouche lippue, grimée d'un continuel rictus, une longue queue et des pieds fourchus. Ce dernier caractère, d'après la tradition vulgaire, est le plus général, et si Satan se transforme parfois en brillant seigneur, costumé en velours noir ou vert, donnant libéralement des pièces d'or qui se changent en feuilles sèches ou brûlantes, il aura toujours, comme stigmate infernal, les pieds fourchus et des griffes aux mains.

L'ubiquité du Diable, la multiplicité de ses transformations au moyen-âge est un fait acquis des plus remarquables selon la croyance générale. Dans les siècles où l'on croyait à Satan, grand nombre de saints et de docteurs prétendent l'avoir vu à leurs côtés sous toutes les formes. Saint Martin raconte avoir aperçu un jour Satan sous la ressemblance de Jésus-Christ!! un autre jour, couvert de diamants et de pierreries étincelantes!! — Luther ne pouvait se défendre contre le Diable, qui l'inquiétait sans cesse. Une paroi de la chambre qu'il habitait au château de Wartbourg (en Thuringe, 1521) et qu'il appelait son Pathmos, porte encore la tache laissée par son encrier qu'il jeta un jour à la tête du Diable. Cette tache, émiettée chaque jour par de pieux visiteurs, aurait

disparu depuis longtemps sans les rafraîchisse-
ments opportuns que lui prodigue le majordome
du lieu. On sait aussi que Satan, se changeant
en mouche (le Dieu Accaron?), venait fami-
lièrement se poser sur l'épaule du grand réfor-
mateur et commençait à disputer avec lui jusqu'à l'importunité.

Ainsi, pendant de longs siècles, le Diable
préside aux destinées humaines et aux affreux
sabbats des sorcières. Là, ses adeptes, pour lui
rendre hommage, lui baisaient la partie la plus
immonde du corps, soit sous sa forme ordinaire,
soit sous celle d'un vieux bouc.

Satan est l'auteur de tous les désastres, de
tous les forfaits qu'engendrent des esprits hallu-
cinés par la folie et la terreur. Que de bûchers
allumés jusqu'au dix-huitième siècle! que de
victimes, prétendus sorciers ou sorcières, torturés et brûlés sous l'influence de la peur et du
Diable!!

En 1484, le pape Innocent VIII[1] par la bulle :

---

[1] Le Génois J.-B. Cibo, élu le 24 août 1484, sous le
nom d'Innocent VIII, était cependant, d'après Machiavel,
un homme doux, humain et d'un caractère conciliant.
(*Mach. Istor. Fior.*)

Summis desiderantes, étendit par toute la chrétienté les procédures contre la sorcellerie. En 1523, une nouvelle bulle d'Adrien VI confirma la précédente.... La dernière sorcière victime des bûchers fut, dit-on, exécutée à Glaris en 1783 !! Sous l'influence terrible de la bulle *Summïs desiderantes,* que de feux allumés, que d'horribles exécutions de toutes parts, pendant plusieurs siècles et jusqu'au jour où le Diable arrive, comme aujourd'hui, à n'être plus qu'un affreux souvenir, une sombre majesté déchue et évanouie, sauf dans les terreurs de quelques vieilles femmes ! Il est à faire remarquer que le nombre des femmes, même très jeunes, fut infiniment plus considérable aux bûchers que celui des hommes, soit parce que la femme est, en général, douée d'une impressionnabilité plus vive, d'une fluidité d'organes plus grande, plus accessible aux terreurs superstitieuses, ainsi qu'aux maladies nerveuses ou hystériques. On compte près de 200 femmes pour un homme dans les procès de sorcellerie !! Il faudrait de nombreux volumes pour faire. l'historique résumé des exécutions qui ont eu lieu en tous pays.

Nous n'oublierons pas que l'illustre héroïne Jeanne d'Arc fut accusée, convaincue de sorcellerie et brûlée pour ce fait par un tribunal ecclésiastique vendu aux Anglais et présidé par l'évêque Cauchon, celui dont Delavigne a dit :

> Un prêtre en cheveux blancs ordonna le supplice,
> Et c'est au nom d'un Dieu, par lui calomnié,
> D'un Dieu de vérité, d'amour et de justice,
> Qu'un prêtre fut perfide, injuste et sans pitié, [1]

On trouve dans les premières pages de l'ouvrage de Roskoff le catalogue des sorciers brûlés dans la ville épiscopale de Würzbourg jusqu'en 1659. Il y eut à Würzbourg même 900 exécutions et 603 dans l'évêché de Bamberg. On y compte de nombreux enfants brûlés comme sorciers ; ici une petite fille de neuf à dix ans exécutée avec sa sœur encore plus petite. La mère le fut peu après. Là, des garçons de dix à douze ans ; une jeune fille de quinze ; deux enfants de l'hôpital ; le petit garçon d'un conseiller, etc., etc.

Ces récits paraîtraient incroyables, si on n'en

[1] Casimir Delavigne Ve Mess., p. 25, Tom. III.

avait des preuves en compulsant les archives de tous pays, même celles d'un petit canton suisse où la crédulité, compagne inséparable de l'ignorance, est encore à ce jour phénoménale! Il est attristant de lire la longue nomenclature des malheureux torturés et brûlés dans ce petit canton, aux 16me, 17me et 18me siècles. On compte trente exécutions de sorciers en 1634, cinquante en 1652, etc., etc. Une famille entière, celle de Byfrare de Charmey, fut dévolue au supplice. La flamme sinistre des bûchers ne s'éteignit tout à fait que sur les cendres de la malheureuse Catillon en 1731! On fut longtemps enfoncé dans cette noire fantasmagorie qui a si cruellement agité et remué l'Europe d'un bout à l'autre, du 15me au 18me siècle.

Parmi tous les procès de sorcellerie du petit canton dont nous avons parlé, nous nous bornerons à en citer deux seulement, dont les détails sont caractéristiques, en commençant par celui de Mya-Varmy à R...

A en croire tous ces malheureux sorciers, le sabbat (la Schetta) se tenait régulièrement près du pont de la B... à Montet, au Cercet, etc.

Mise à la torture au premier degré, Mya-Varmy confesse avoir rencontré un jour un grand homme noir auquel elle promet obéissance. C'est le diable Gabriel avec lequel elle fait un pacte. — Deux années plus tard, Gabriel vient lui demander des agneaux; Mya les lui donne près de la ville de R... Mais pour les recevoir, Gabriel se transforme en une grande perche de sapin !! Un autre jour, l'homme noir promet à Mya la pauvresse de la rendre riche et heureuse, bien riche, bien heureuse, et il lui donne une grande somme d'argent; mais, hélas! rentrée au logis, elle ne trouve que deux sous de bon aloi, tout le reste était converti en feuilles sèches. Elle se donne néanmoins encore au Diable, renonce à Dieu et rend à Gabriel l'hommage obscène de l'embrasser.... au derrière. Elle en reçoit une pucetta (une poudre) blanche, pour tuer gens et bêtes. — Quelquefois Gabriel l'empoigne par le cou, où elle est marquée, et il l'emporte au sabbat à un bal dans lequel on mange des bêtes tuées et on boit *della picha d'Egua*[1] et où on danse autour d'un

---

[1] Pissa d'Egua. Littéralement : de l'urine de jument;

feu bleu que deux diablotins attisent en sautillant autour pendant une ronde de sorciers et de sorcières masquées. Gabriel demande à Mya de lui livrer ses propres enfants, mais la malheureuse refuse obstinément.

On la torture au troisième degré (brr!!). Elle avoue alors avoir fait périr avec la pucetta un veau et une chèvre à Granges, un petit enfant à Estavayer-Le-Gibloux et un... chat à Villa-Bramaz. — Dans des tourments nouveaux, Mya avoue encore qu'elle a fait la pluie, la grêle, la gelée, pour abîmer les récoltes, à la volonté de son maître. Son moyen était bien simple! Elle frappait avec une petite verge blanche l'eau du bassin d'une fontaine, et aussitôt l'eau se changeait en nuage noir, le nuage en grêle ou en gelée!?

Gabriel lui donne ensuite un certain poil au moyen duquel elle se transforme en loup et tue les moutons, les juments et autres animaux qu'elle dévore ensuite en compagnie de son maître.

mais c'est ainsi qu'on appelle la bière et toute liqueur forte et jaune.

NB. Egua : Jument. Latin : Equa.

Alléchés par des aveux aussi compromettants, bien qu'extorqués par la souffrance, les juges soumettent la misérable aux dernières et plus atroces tortures du quatrième degré.... « Crie « mercy, item a confessé avoir eu quatre fois « la compagnie de Gabriel, lequel estait froid « comme un glaçon... Crie mercy et demande « pardon à Dieu et à Messeigneurs ! ! »

Condamnée par sentence du 15 mars 1634, la malheureuse Mya Blanche, née Varmy, victime de la superstition, de l'ignorance, du malheur et d'une vie déréglée, fut brûlée vive le 20 mars, non sans avoir été encore tenaillée en deux endroits sensibles, pour lui faire avouer ses complices.

Un bandeau funeste et terrible dans toutes ces procédures semble couvrir les yeux des victimes et des juges devenus bourreaux. — Pour les pauvres sorciers, le Diable s'appelle tantôt Abram ou Raphaël, tantôt Tortsi ou Griffon, etc., etc.

Les juges bourreaux oublient toutes les lois les plus saintes et transgressent tous les codes à l'égard du malheureux soupçonné de sorcellerie.

Qu'on lise les registres des prisons (Thurn) de la ville dont nous parlons, au 17me siècle ! Nous n'en détacherons, pour terminer, que ce dernier et sinistre lambeau.

« Thurn, 9 septembris 1647.

« Antheenoz Frioud, fils de prénommée Ca-
« therine Magnin, de Villars-Siviriaux, agé de
« 11 à 12 ans, demandé des déportements de
« sa mère et du sien... a dit que jamais il n'a
« rien aperçu de sa mère, quicelle lavait instruit
« de prier et servir Dieu et n'entrelaissait d'aller
« pour le moings les festes et dimanches ouyr
« la messe...

« ...que jamais il a dit qu'on mangeait en
« Paradis des pies et des courbeaux, mais bien
« qu'il y faisait bon estre et qu'il y vouldrait
« desia estre...

« ... S'il sçavoit que sa mère fut telle dont
« elle est soubzconnée et ehut eveu ou apperçu
« quelque mal delle le dirait promptement sans
« soy laisser plus presser les doigts ; en quel
« torment il na rien voulu confesser demandant
« humblement pardon à Dieu et à Nossei-
« gneurs. »

(Nous avons exactement suivi l'orthographe de l'acte original.)

Contre tous les principes de morale, contre toutes les lois divines et humaines, on forçait ainsi un enfant de 11 ans à déposer contre sa mère, on le soumettait à de cruelles tortures[1] et pourtant le code d'alors affranchissait le mineur de la question. Il en était bien ainsi pour les délits et crimes ordinaires; mais pour l'épouvantable crime de sorcellerie, il n'existait plus ni lois, ni codes, ni pitié.

Faisons trève à ces désolants souvenirs par un piquant épisode qui s'y rattache. Les comptes des trésoriers pour 1627 contiennent les doubles frais d'exécution d'une méchante sorcière de Corsalettes, qui trouva le moyen de se faire exécuter publiquement deux fois la même années. Ah! s'il y avait alors de nombreux sorciers, il est au moins certain que les juges et les contrôleurs des comptes de l'époque n'étaient pas de fameux sorciers, pour se laisser jouer ainsi!

[1] L'appareil pour les doigts, brodequin des pieds, écrasant les phalanges ou les orteils.

Il y eut cependant, ci et là, des hommes de cœur et assez éclairés pour s'élever contre la funeste manie des exécutions de sorciers. Nous citerons, en particulier, le Jésuite Spée, en Franconie. « Pourquoi avez-vous les cheveux blancs avant l'âge ? » lui demandait un jour l'archevêque de Mayence. « Monseigneur ! répondit Spée, c'est pour avoir accompagné aux bûchers et à la mort plus de deux cents sorciers dont j'ai reconnu l'innocence ! » Honneur à ce Jésuite hors ligne !

L'apogée de la croyance universelle aux démons et aux sorciers fut surtout aux 15me, 16me et 17me siècles. Alors on voyait le Diable partout. Il était la cause première de tous les mouvements, de tous les bruits dont on ne se rendait pas immédiatement compte. Une porte qui s'ouvrait seule, une couverture qui se dérangeait la nuit, un vase qui se fêlait l'hiver, un chien ou un chat noir qui traversait la rue dans les ténèbres, c'était le démon, toujours le démon en cause, et chacun de se signer avec épouvante !!

Dans la croyance de tous les peuples, l'em-

pire du Diable, *du maudit,* s'étend même jusqu'au règne végétal. Chez tous les peuples,
c'est lui qui produit, qui fait grandir et qui protège une foule de végétaux sinistres, dangereux
ou vénéneux. Il est des plantes qui lui sont
particulièrement consacrées et qu'on appelle les
herbes du Diable. Le christianisme semble ra-
viver ici le souvenir des plantes malfaisantes
des Médée et des Circé. Les plantes aux couleurs sombres, surtout celles armées d'épines,
sont les préférées du prince des ténèbres, par
opposition aux plantes bénies ou consacrées aux
divinités bienfaisantes. Encore au 17me siècle,
les ennemis du malheureux Urbain Grandier
l'accusent d'avoir ensorcelé les religieuses de
Loudun, en jetant par dessus les murs du couvent des fleurs et même des roses ! diaboliques.
Il y aurait de longues pages à écrire sur ce cha-
pitre ; mais en voilà assez pour constater l'universelle puissance attribuée au Diable sur tous
les êtres de la nature. O bêtise humaine ! tu
seras donc éternelle !

Comme opposition aux herbes diaboliques,
nous trouvons les herbes de la Saint-Jean, le

Genevrier bénit pour avoir abrité la Vierge, etc., etc.

Toujours le dualisme du bien et du mal ou des deux principes des religions anciennes.

IV

SUPERSTITIONS ET HALLUCINATIONS

Dans tous les procès de sorcellerie, il se présente un fait curieux et intéressant, c'est la conviction inébranlable de ces malheureux sorciers. Il est hors de doute que le plus grand nombre de ces victimes de l'erreur et des préjugés du temps étaient bien persuadés et convaincus d'avoir assisté au sabbat et entretenu un commerce avec Satan. Etait-ce l'excitation d'un rêve pris pour une effrayante réalité ? Etait-ce l'effet d'une hallucination persistante, provenant de terreurs superstitieuses ou suite de prédications sombres et fanatiques ? ?

La question démoniaque, dont il s'agit ici, se rattacherait donc à une des plus ardues et des

plus hautes études de la physiologie humaine,
celle des hallucinations religieuses et mystiques
de tous les temps, surtout anciens. De savants
médecins ont traité avec talent l'influence considérable du physique sur le moral (esprit et
cœur); mais la réciproque, c'est-à-dire l'influence du moral sur le physique, des mouvements de l'intérieur ou de l'âme sur le corps,
a-t-elle dit son dernier mot? Nous hésitons à le
croire, tout en reconnaissant notre parfaite in-
compétence en ces graves matières. On ne peut
s'en tenir qu'à des questions ou à de simples
observations de faits.

Les anciens historiens rapportent que dans
les temples d'Esculape et de Sérapis on pro-
duisait des guérisons merveilleuses par l'appli-
cation de l'os prétendu de Pelops[1], os de l'é-
paule. — Au moyen-âge et même encore à
notre époque, des guérisons plus ou moins
nombreuses ont été ou sont obtenues au moyen
de fausses reliques. Plusieurs villes d'Europe se
disputent la possession authentique (?) et si-
multanée des clous, du suaire, de la robe et

---

[1] Pelops, roi d'Elide, père d'Atrée et de Thyeste.

même de la couronne d'épines de Jésus-Christ. Il y a évidemment de ces reliques qui sont fausses, et pourtant, à en juger par les nombreux ex voto et déclarations souscrites, il y a eu dans chacune de ces villes et de ces Eglises de nombreuses guérisons réputées miraculeuses!

Curieux effet de l'influence physique du moral sur le corps humain. Dans la loge A∴ de l'Orient réformé, on faisait subir une épreuve de réception à un aspirant adepte franc-maçon dans la force de l'âge. Il lui avait été annoncé qu'il lui serait pris plusieurs pintes de sang et cela jusqu'au complet évanouissement!! On lui bande les yeux, on le pique légèrement au bras avec une épingle, en faisant couler sur ce bras un léger filet d'eau tiède que l'adepte entendait retomber dans un récipient métallique. Au bout de quelques minutes, il annonce sentir un affaiblissement graduel de ses forces, et bientôt après, il tombe réellement en syncope, sans avoir perdu une seule goutte de sang!

Plusieurs faits similaires attestent l'influence mystérieuse et toute puissante de l'imagination sur les organes. Cette influence peut-elle avoir

l'effet de créer des maladies, comme d'en gué-
rir d'autres? Certains faits observés semblent le
démontrer! C'est fort bien! Mais cette imagination arrive-t-elle à avoir assez d'action sur
les membres humains pour créer, sans dol ni
fraude, des plaies profondes et visibles aux
pieds et aux mains de quelques stigmatisées de
nos jours? *That is the question!* Nous ne pouvons ici entrer dans des développements réservés à la science; notre intention dans ce
petit travail n'est point d'attaquer, d'ébranler
ou de ridiculiser la foi de certaines gens, ni
même la crédulité la plus robuste. Cependant,
il nous est impossible d'admettre que l'imagination ou l'exaltation mystique la plus vive
puisse perforer les stigmates, c'est-à-dire traver-
ser, comme des clous, les pieds et les mains,
ouvrir une plaie béante sur le côté, comme
celles de notre Sauveur Jésus-Christ. Il nous
est également impossible de voir autre chose
qu'une parfaite hallucination dans la vie et les
œuvres de la fameuse Marie Alacoque, révérée
comme une sainte et une Thaumaturge. —
Guérie d'une paralysie, elle attribue sa guérison

à la Sainte Vierge, change son nom de Marguerite, pour prendre celui de Marie, et compose un ouvrage mystique : *La dévotion au cœur de Jésus.* [1] Est-il possible de voir autre chose qu'une hallucination des mieux caractérisée dans cette donation du cœur de Jésus à la célèbre mystique qui l'écrivit, nous dit-on, de son sang et sur la dictée de Jésus-Christ lui-même ? Voici le texte :

« Je te constitue héritière de mon cœur et
« de tous ses trésors pour le temps et l'éternité.
« Je te promets que tu ne manqueras de se-
« cours que lorsque je manquerai de puissance.
« Tu seras toujours la disciple bien aimée, le
« jouet de mon bon plaisir et l'holocauste de
« mon amour. »

Et c'est de cet acte-là que nous est arrivée l'institution du Sacré-Cœur. [2] Marie Alacoque était une forte fille normande, très sanguine et

[1] Ouvrage publié en 1698 par le P. Croiset, Jésuite.

[2] L'ardeur que mirent les Jésuites à préconiser le nouveau culte et à exalter Marie Alacoque fut telle, qu'en moins de quarante ans il se forma en France 428 confréries du Cœur de Jésus. (Michelet.)

qu'on était obligé de saigner sans cesse. Nous n'en dirons pas davantage pour être compris. Nos hospices d'aliénés renferment une foule de malheureuses femmes hystériques, dont bon nombre eussent été canonisées, il y a quelques siècles.

Hippocrate admettait déjà que l'épilepsie n'était pas un mal sacré, que le démon ou les mauvais génies n'en étaient ni la cause, ni l'origine. Hippocrate était donc de vingt-trois à vingt-quatre siècles en avant du sien ! Quelle humiliation pour le dix-septième de notre ère ! Cependant, quelques anciens pères de l'Eglise eurent l'intuition, sinon la preuve scientifique, que bien des mouvements désordonnés chez les femmes étaient dus à une cause intérieure (hystérie ?), qu'ils ne savaient expliquer autrement qu'en l'attribuant au Diable, lequel était ainsi chargé de donner la raison de toute chose. Saint Chrysostome disait de la Pythie antique, qu'en écartant les jambes sur son trépied, en se livrant à des mouvements violents et excentriques, c'était par les parties sexuelles que le mauvais esprit prenait possession du corps et inspirait les prédictions. [1] On voit ainsi que ce qu'il attribuait au Diable n'était rien autre que de très forts spasmes nerveux. Origènes était du même avis. [2]

Par les maladies nerveuses, les hallucinations, l'hystérie, etc., etc., on explique, dans la sorcellerie et la magie, une foule de causes et d'effets singuliers attribués au démon dans les temps anciens. Cette soi-disant faculté de disposer à son gré des lois, des forces naturelles, occupe une place importante dans l'histoire des aberrations de l'esprit humain dans tous les pays et à toutes les époques. Il peut nous paraître étrange aujourd'hui qu'on ait eu l'espoir ou la prétention de contrarier les forces ou d'assujettir les lois de la nature à certaines pratiques ou incantations ; mais la sorcellerie et la magie ont cherché le plus souvent à se confondre avec la religion. La magie, en particulier, repose sur de grandes dispositions de notre nature, sur l'inquiétude de l'esprit humain et la nécessité qu'il éprouve sans cesse, soit d'interroger l'ave-

---

[1] Chrysost. Epist. ad Cor. Hom. 29.
[2] Orig. advers. Cels. VIII.

nir, soit d'assurer le présent. Ainsi les évocations, les charmes, les philtres destinés à acquérir des biens, perpétuer des amours ou assurer des vengeances. — Malgré le progrès des sciences et la propagation des lumières, nous ne sommes pas éloignés des temps où on croyait fermement à la magie, aux magiciens, ainsi qu'aux sorciers. Nous en avons un curieux exemple dans Cornelius Agrippa (ancien médecin de Louise de Savoie, mère de François Ier), le même Agrippa qui, en quittant Fribourg, déclarait cette ville étrangère à toute science et à toute culture intellectuelle. Cornelius Agrippa fut considéré comme un puissant magicien, non seulement pour son livre de *Occulta philosophia* (1531) qui lui valut un long emprisonnement, mais surtout à cause de son chien noir, qui le suivit partout de longues années et qu'on crut sérieusement être un démon familier, un diable de l'enfer, qui le renseignait sur toutes choses et toutes sciences [1]. L'animal, d'un noir de jais,

[1] Il y a ici une réminiscence presque contemporaine du fameux chien noir Prestigiarius de Faust et son démon familier. Le chien Prestigiarius avait des yeux d'escarboucles (!) et la singulière propriété de changer de cou-

était extrêmement intelligent et avait des yeux flamboyants qui brillaient dans l'ombre d'un feu sinistre, au dire des crédules. Bien plus, il portait un collier singulier garni de clous brillants faisant un sens nécromancien. En fallait-il davantage pour faire croire qu'Agrippa était un magicien et son chien le Diable en personne !

— Il est singulier combien, de nos jours encore, on est disposé à voir dans un animal, chien ou chat, à fourrure noire, soit un être infernal, soit au moins un démon familier et de nature privilégiée. Un récent exemple dans la ville même de F..... La comtesse de B..., mère de la baronne de F....., eut un ami bien cher, lequel, en mourant à la fleur de l'âge, lui promit que, même après sa mort, il serait sans cesse à ses côtés. Le jour même des obsèques, Mme de B..., accablée de douleur, vit tout à coup accourir à elle un charmant petit chien noir, de la race des griffons écossais. Ce chien, aux yeux phosphorescents, ne la quitta plus

leur, dès qu'on touchait son poil. Ce chien célèbre annonça, dit-on, très exactement à l'abbé d'Halberstadt le moment de sa mort bien à l'avance.

un seul instant; il paraissait la défendre avec colère contre tout visiteur étranger ou qui n'était pas un membre de la famille. Mme de B... était si convaincue que le griffon noir était l'ombre de l'ami tant regretté, ombre incarnée sous enveloppe canine, que rien ne put jamais la persuader du contraire! A la mort naturelle du griffon, il fut de nouveau et longtemps pleuré et on lui éleva un monument de marbre!

Après cette longue digression, reprenons notre sujet satanique. Il resterait à examiner, plus à fond que nous ne pouvons le faire, quelques effets curieux et spéciaux d'hallucination ou de rêves dans les rapports qu'on essaye parfois d'attribuer au Diable. Pendant cette suspension de la vie active, ce repos qu'on nomme le sommeil, l'esprit ne dort pas avec les sens; il déploie une activité le plus souvent bizarre, parfois lucide, mais sans que nous en ayons toujours la conscience ou le souvenir. C'est le règne du rêve ou des songes. Le plus souvent, la raison ne coordonne pas les idées singulières ou disparates de nos rêves; mais aussi, parfois, certaines facultés de notre intelligence s'élèvent

si haut et prennent un tel développement qu'elles réalisent des merveilles. Alors, soit par pro-
pension naturelle, soit par une habitude encore
enracinée, on attribue ces effets au Diable.
Ainsi fut-il de la célèbre *Sonate du Diable* du
compositeur et violoniste Tartini (1692-1770),
chef d'Orchestre de l'Eglise Saint-Antoine à
Padoue. Une nuit, Tartini rêva qu'il était en
face du démon, que Satan en personne lui
intimait l'ordre d'écrire sous sa dictée. [1] Le
maëstro obéit et le Diable lui dicta cette belle
sonate qu'on appelle encore aujourd'hui la *Sonate du Diable*. Cette musique parut si étrange
à Tartini, qu'il se réveilla tout à fait et s'em-
pressa de la noter ; ce qu'il y a de curieux dans
ce fait, c'est que jamais Tartini ne put se ré-
soudre à croire que cette musique ne procédait
pas directement du démon. Il prétendait y être
absolument étranger. — Plusieurs mathémati-
ciens ont trouvé dans le rêve la solution de
problèmes longtemps cherchés à l'état de veille.

[1] Selon d'autres, Tartini rêva que le Diable jouait du
violon devant lui et exécuta la sonate que Tartini ne put
reproduire dans toute sa beauté.

C'est en rêve, dit-on, que le jeune et regretté Evariste Gallois (mathématicien d'avenir, emporté en 1833 par une fin tragique) avait trouvé, en 1829, ses élégantes solutions sur les racines des équations algébriques.

Il resterait encore quelque chose à dire des oracles anciens et de leur affinité avec les démons. Le Jésuite Baltus écrivit en 1708 deux puissants volumes in-8° pour prouver que les oracles étaient (contrairement à l'opinion de Fontenelle [1]) l'œuvre des démons et non de la fraude des prêtres païens. Nous n'essayerons pas de combattre l'opinion du Jésuite Baltus; contentons-nous de faire observer que les démons qui, selon lui, inspiraient les oracles, avaient bien des égards, tout humains et non diaboliques, pour les puissants du jour. Démosthène disait déjà de la Pythie de Delphes : La Pythie Philippise! Ces démons-oracles se firent d'habitude courtisans d'Alexandre et d'Auguste. Quand ce dernier, emporté par son amour désordonné pour Livie (qu'il enleva à son mari

[1] *Histoire des Oracles,* par M. de Fontenelle. Amsterdam, 1701.

bien qu'elle fût déjà enceinte), fit consulter l'oracle sur ce cas extraordinaire, l'oracle ne se contenta pas d'approuver, mais pour mieux plaire au tout puissant Auguste, il assura que jamais un mariage ne réussissait mieux que quand on épousait une femme déjà grosse!! N'en déplaise au R. Baltus, nous pensons que les démons, si démons il y a, eussent eu plus d'indépendance de caractère et moins de courtisanerie.

Terminons par le conseil que le sceptique Voltaire donnait au Diable le siècle passé : Il s'agissait de sorcières et d'hallucinées, et Voltaire engageait Satan à toujours s'adresser aux facultés de théologie, où il serait écouté et cru, mais de ne pas aborder les facultés de médecine. Ce conseil serait encore de mise aujourd'hui.

V

SATAN ET LES POÈTES

PROLOGUE

Nous arrivons enfin aux différentes transfigurations du Diable chez les poètes de tous les âges et de toutes les langues.

Le poète, dans son domaine de l'art, c'est-à-dire du beau, est l'être heureusement doué qui parvient, dans une inspiration parfois sublime, mais toujours neuve, à mettre au jour des idées, des pensées élevées exprimées en bon et rhythmique langage. Autrefois, le poète passait pour un homme sacré, un être inspiré, car il était en même temps prophète ; Vates : poète, prophète ; telle est la double signification du mot Vates, comme en général de tout ce qui, dans les langues orientales, a rapport au poète et à la poésie. Ce don de prophétie, que les peuples hébreu ou orientaux attribuent à tout ce qui est poète, peut être justifié par d'étonnants passages et exemples, non seulement dans les prophètes sacrés, mais dans les poètes profanes et païens aussi bien que chez les poètes chrétiens et modernes.

On ferait un gros volume et recueil d'observations sur ce point. Essayons de justifier par un exemple ou deux ce don de prédiction.

Sénèque a prédit en termes formels et clairs la découverte du Nouveau-Monde :

> Venient annis sæcula seris,
> Quibus oceanus vincula rerum
> Laxet et ingens pateat tellus,
> Typhisque novos deteget orbes
> Et non sit terris ultima Thule.
>
> (Sen. trag.)

« Dans les siècles futurs, il arrivera une année dans laquelle l'océan laissera pénétrer ses secrets, où une immense nouvelle terre apparaîtra ; Typhis[1] découvrira de nouveaux mondes

---

[1] Typhis, le fameux pilote qui conduisait le navire des Argonautes à la conquête de la toison d'or.

et alors la terre de Thule [1] ne sera plus l'extrémité de l'univers. »

Une fresque antique de Pompeïa représente un vaisseau cinglant vers le soleil couchant et ces vers de Sénèque sont inscrits au-dessous de la fresque.

Il est peu de personnes qui n'aient entendu citer certains vers de Virgile dans lesquels on a voulu voir une prophétie sur la venue du Christ. Le poète latin, presque contemporain, dans des vers sybillins, annonçait la fin des oracles, un grand et nouvel ordre de choses, une vierge qui arrive ramenant avec elle les siècles de l'âge d'or et une nouvelle progéniture envoyée par le ciel.

Nous ne citerons plus que deux prophètes modernes, l'un d'eux même notre contemporain, mais tous deux d'une précision si nette qu'il n'y a pas à douter du don de prophétie, soit d'inspiration, et de seconde vue de l'avenir. Voici une étrange prédiction sur la révolution française :

[1] Thule, Islande, extrémité du monde connu des anciens.

« La France, aujourd'hui si embellie par la
« nature et par l'art, un jour se verra blême et
« en manteau de deuil. Pas un temple qui ne
« soit souillé, pas un point non profané et pas
« un seul lieu qui échappe à la fureur. La cou-
« ronne sera veuve, toutes les ressources du
« pays dissipées. Le royaume sera malade et
« dans l'affliction ; de la tige royale, le plus beau
« rameau sera coupé et le tronc lui-même fou-
« droyé. »   (Traduction littérale.)

Mais voici le texte même :

> Or, la Francia adorna da natura ed arte
> Un di vedrassi pallida ed in manto nero
> Ne tempio illeso o inviolata parte,
> Ne luogo da furor rimasto integro.
> Vedova la corona, ovunque sparte,
> Le sue sostanze ; il regno afflitto ed egro,
> Delle regia stirpe reciso e monco.
> Il più bel ramo e fulminato il tronco.
>
> Torq. Tasso. Jerus. Conq. Canto III.

Cette strophe remarquable est empruntée à
la *Jérusalem reconquise* du Tasse, ouvrage différent de la *Jérusalem délivrée* et beaucoup moins
connu. Mais un poète qui parle ainsi avec tant
de détails et tant d'années avant des événe-

ments que rien ne pouvait lui faire prévoir, n'est-il pas réellement un prophète?? — Nous terminons par ces vers fatidiques du poète prussien Emile Ritterhaus, qui écrivit ce qui suit le 1er janvier 1861 :

« Je vois dans un avenir rapproché étinceler
« des feux de joie sur les Vosges, et sur la
« Cathédrale de Strasbourg, parée de nouveaux
« lauriers, flotter la bannière allemande!! »

En appelant indistinctement Vates ou prophètes tous les poètes, les anciens n'avaient-ils pas raison? Ainsi l'inspiration a été toujours à la base de la poésie, comme la poésie et le chant ont été de tous les temps. L'influence des climats n'a pas été souveraine, comme on l'a prétendu quelquefois; car le nord, comme le midi, ont également produit des poètes à l'imagination ardente, sombre ou terrible et parfois fatidique. L'étude de la société fut aussi une source d'inspiration profonde chez quelques poètes; c'est à ceux-là surtout qu'on peut appliquer ces beaux vers de Lamartine :

L'immortelle pensée a sa forme ici-bas.
Langue immortelle aussi que l'homme n'use pas.
Tout ce qui sort de l'homme est rapide et fragile.
Mais le vers est de bronze et la prose est d'argile.

Tout en protestant légèrement pour l'honneur de la prose, condamnée à n'être d'argile que pour les besoins de la rime, nous espérons trouver dans les inspirations des poètes de toutes les langues une merveilleuse étude des transfigurations du Diable. L'art transforme ce qui est ignoble.

VI

SATAN ET LES POÈTES

DU 13ᵐᵉ AU 19ᵐᵉ SIÈCLE

Vers la fin du 13ᵐᵉ siècle (1237-1321) arrive un poète souverainement idéaliste et pourtant à demi-barbare encore. C'est Dante Alighieri. Tourmenté comme ses damnés, il décrit l'enfer avec ses horribles supplices, il fait le portrait de Satan, en partie d'après les idées reçues alors et qui traçaient autour du poète un cercle infranchissable. [1] Dans ce sublime et ori-

---

[1] Dans plusieurs passages du Dante, on aperçoit le cercle fatal de craintes et de préjugés qui enserrent le poète et ne lui laissent pas toute l'indépendance de la pensée, Ainsi, dans son épitaphe faite par lui-même, il s'écrie douloureusement :

Jura monarchiæ, superos, Phlegetonta, lacusque
Lustrando cecini voluerunt fata quousque !

J'ai chanté les droits souverains, les enfers et les abîmes,
... autant que me l'ont permis les destins.

ginal poème de l'*Enfer* (divine comédie), lutte convulsive du moyen-âge à son déclin et de la société moderne dont l'aurore va surgir, parmi les sombres symboles, les noires tristesses et les cris désolés, on perçoit déjà une puissante et prophétique aspiration vers la liberté[1] et même

Au chant IX, v. 21 de l'*Enfer*, on lit :
> O voi ch'avete gl'intelletti sani
> Mirate la dottrina che s'asconde
> Sotto il velame di versi strani !

Traduction : Oh ! vous qui avez l'intelligence saine, cherchez la doctrine qui se cache sous le voile de ces vers étranges !

[1] Le Dante est une mine à méditations. Jamais écrivain n'a rendu la métaphysique aussi graphique et n'a poussé si loin l'analyse subtile des vibrations de l'esprit dans leurs relations avec la morale. Pour le système de l'univers, Dante ne fait que développer l'aperçu d'Aristote (dont néanmoins le texte grec n'était pas à sa portée). Quant à notre planète, il lui a été nécessaire d'adopter certains points de vue des théologiens qui ne craignaient pas d'empiéter sur le domaine des physiciens.

Aujourd'hui, l'école démocratique radicale en Italie présente le Dante comme un précurseur des doctrines radicales. Chez nous, les ultramontains le représentent aux ignorants comme un champion fanatique de l'infaillibilité et de ses conséquences. Il faut le lire et « lasciar dir gli schiocchi », suivant la parole expresse du maître.

Enfin, je ne sais plus quel auteur a dit :
« Les dames devraient avoir pour le Dante une sym-
« pathie profonde, à ces trois titres qui émeuvent toujours
« leur cœur : La vie entière de Dante fut partagée entre
« le génie, le malheur et l'amour. »

vers l'indépendance et l'unité nationale de l'Italie. Mais quel horrible et burlesque Satan que celui peint par le Dante! Dans les premiers chants, il est présenté comme un logicien passif et impitoyable. A la fin du vingt-deuxième chant, Satan met en branle ses escadrons infernaux au bruit d'un dégoûtant signal :

E del cul avea fatto trombetta.

Quelle satire à étranges contrastes que l'enfer du Dante! Tour à tour tendre, sérieux, philosophique, puissamment érudit pour son temps, puis brusquement horrible, grotesque même, ce poème rappelle les artistes gothiques de l'époque, lesquels, jusqu'aux porches sacrés des cathédrales, sculptaient d'effroyables ou obscènes figures de goules ou de démons.[1] Dans

[1] On peut en voir un exemple curieux au fronton portique de la Cathédrale de Fribourg (Saint-Nicolas) dans ce Diable à la longue langue léchant.... une femme qu'il tient en tête-bêche. Il ne reste plus que le buste de la femme. Au dix-septième siècle, on dénatura, par décence, ce démon obscène qui devait être, pour nos bons aïeux, l'emblême de la luxure. — Sur le portail du temple de Saint-Etienne à Berne, la punition de la luxure est figurée par un diable armé d'une pince-ciseau avec laquelle il coupe le membre viril d'un des damnés!

son *Enfer*, Dante est resté de son temps; c'est en plein le moyen-âge dans l'expression de l'horrible ou du faux. Qu'on en juge :

Après les fosses maudites (male bolge) apparaît un puits vaste et profond, au fond duquel est un lac glacé divisé en quatre cercles concentriques. A l'orifice du puits sont liés les géants, le corps moitié en dedans, moitié en dehors du sombre et glacial abîme. Lucifer est au milieu et au plus profond du quatrième cercle (la Giudecca), au point central de la terre et de l'enfer, ayant aînsi la tête dans un hémisphère et les pieds dans l'autre. L'empereur de ce royaume douloureux n'a que le buste hors de la glace. Son horrible tête a trois faces ou trois visages jointifs de couleurs diverses (l'une noire[1], l'autre rouge, la troisième blême et livide). Sous chacune des faces, à la naissance des épaules, sortent deux ailes immenses,

[1] Un des trois visages était nègre. On doit faire observer à ce propos que, dans les premiers siècles de l'Eglise, on peignait toujours le Diable sous la figure d'un nègre. La race noire était alors assez rare en Europe pour frapper l'imagination du peuple, et les nègres étaient regardés comme les représentants du Démon. Maledicti filii Cham.

ailes de chauves-souris, plus grandes que les voiles d'un navire et qui produisent, en s'agitant sans relâche, un vent terrible et glacé au fond de la Giudecca, point le plus profond de l'enfer du Dante. De ses six yeux[1], Lucifer pleure sans cesse et toujours; sur chaque face, coulent des larmes mêlées à une bave sanguinolente (sanguinosa bava). Des trois gueules de sa triple face et de ses trois affreuses mâchoires, il brise et broye perpétuellement le corps et la tête d'un misérable traître. Une des bouches dévore Judas Iscariote, la deuxième Brutus, la troisième Cassius! Quel assemblage étrange que celui de Judas, de Brutus et de Cassius! En s'indignant de voir ces deux Romains assimilés à Judas, il faut croire que Dante a jugé sévèrement, comme Plutarque, ces stoïciens farouches, que le faux enthousiasme d'une liberté qui avait disparu, égare au point de massacrer en César le premier un père (?) et l'autre un

[1] Con sei occhi piangeva e per tre menti
Sgocciava il pianto e sanguinosa bava
Da ogni bocca dirumpea co' denti
Un peccatore a guisa di maciulla.

bienfaiteur, sans avantage ni pour la république ni pour la liberté.

Une observation frappe le lecteur du Dante. En plaçant son Lucifer dans un lac glacé, au lieu d'un océan de flammes éternelles, le poète s'écarte ici visiblement des traditions et enseignements de l'Eglise.

Non! Le Lucifer de Dante ne présente qu'une horrible image qui ne dit rien au cœur, ni à l'esprit, ni à la raison. L'imagination et la poésie sont en défaut, quand elles donnent des mesures précises d'êtres ou d'objets qui doivent rester dans le nimbe obscur d'une puissante majesté. Dante, en voulant assigner des dimensions à son Lucifer, s'est montré bien inférieur à Homère, dont le Jupiter fait trembler tout l'Olympe d'un froncement de ses sourcils; bien inférieur encore à Milton, qui laisse à son Satan une grandeur poétique indéfinie. Toutes les conceptions du Dante à l'endroit des démons sont marquées du même sceau d'infériorité et de mauvais goût : Ainsi, dans le Vme chant de l'*Enfer*, celui-là même où l'on admire le délicieux épisode de Francesca di Rimini, on voit

avec peine le monstrueux juge des enfers assis
à la porte pesant les crimes et les fautes, les
jugeant et les condamnant d'un signal bizarre :

« Quand une âme marquée du sceau de la
« colère arrive en sa présence, elle se dévoile
« toute entière et ce scrutateur des consciences,
« jetant autour des reins sa queue tortueuse,
« désigne par le nombre de ses replis quel sera
« le gouffre où doit tomber le coupable. »

L'idée de ce juge de faire autant de tours de
sa queue que le coupable doit descendre de de-
grés dans l'abîme est une des conceptions de
mauvais goût qu'on reproche à l'illustre poète
italien. — Une dernière réflexion : Trente-trois
chants ont été employés par le grand poète
pour exprimer la douleur, les gémissements et
les supplices sous toutes leurs formes et dans
tous leurs langages.

Dans la Giudecca et le lac glacé, tout est
muet, même les misérables cachés dans l'épais-
seur de la glace. Satan lui-même n'est plus
l'archange qui a jadis disputé à Dieu même l'empire du ciel. Ce n'est plus qu'un malheureux

vaincu, tombé après quelques milliers d'années de tortures dans l'abrutissement d'un sombre et passif désespoir. Est-ce là peut-être un contraste poétique (!) cherché par le Dante? En ce cas, lui seul en a eu le secret.

VII

POÈTES PORTUGAIS, ITALIENS

En 1517, selon les uns, en 1524, selon d'autres, naquit à Lisbonne le célèbre poète portugais Luis de Camoëns, l'auteur du poème *Os Lusiadas* : Les Lusitaniens ou Portugais. Ce poète eut, comme presque tous ses pareils, une vie des plus malheureuses et romanesques. Il fut d'abord soldat, perdit un œil au siège de Ceuta et, après de longues aventures, mourut dans un hôpital à l'âge de 55 ans (1579). Rien de plus navrant que ces paroles du Camoëns sur sa vie :

« Mes années déclinent et de l'été à mon automne, l'intervalle est bien court ! Un sort contraire glace mon intelligence ; les chagrins

« m'enveloppent et m'entraînent vers le sombre
« fleuve de l'oubli et du sommeil éternel! »

La *Lusiade* n'est pas un poème épique propre-
ment dit; il a pour but de célébrer la gloire
historique et les conquêtes des Portugais. C'est,
au fond, un échafaudage curieux et trivial des
éléments les plus étranges, de sentiments chrétiens et de réminiscences païennes ou mytho-
logiques. Mais il offre, ci et là, d'incomparables
beautés et de merveilleuses descriptions, par
exemple : *L'île de Thétis, le géant Adamastor*[1].
— Après avoir doublé le cap des Tempêtes,
Vasco de Gama longe la côte orientale de
l'Afrique; protégé par Vénus, il échappe à de
grands dangers que Bacchus, ennemi acharné
des Portugais, suscite aux hardis navigateurs.
Bacchus, qui est ici le Diable ou le mauvais
génie, s'habille même en prêtre avec tous ses

[1] Adamastor ou le Géant des tempêtes, personnage fic-
tif du poème des Lusiades, est la plus hardie, peut-être
la plus magnifique prosopopée que nous offre la poésie
épique. Camoëns suppose qu'au moment où Vasco de
Gama va franchir le Cap des Tempêtes, appelé depuis le
Cap de Bonne Espérance, un géant, le gardien de ce
cap, se dresse devant lui, pour l'empêcher d'aller plus
loin.

suppôts; il fonctionne pontificalement dans une église où il essaye d'attirer Vasco de Gama et ses marins; mais ceux-ci, avertis du piège par Vénus, chassent Bacchus et ses démons et poursuivent glorieusement le cours de leurs explorations et conquêtes. La faveur de Vénus paraît singulièrement acquise aux Portugais! C'est parce que ceux-ci rappellent à la Déesse des amours Enée et ses compagnons, ainsi que les anciens peuples latins par leur origine et leur langue.

Le Diable, sous les traits de Bacchus, dieu du paganisme, est une assez bizarre conception, surtout dans un pays et à une époque où florissait l'inquisition! Mais on pourrait conclure que le poète n'a pris cette singulière figure de Bacchus que parce qu'il répugnait à son bon sens poétique de représenter Satan sous les formes hideuses admises jusque-là, c'est-à-dire avec cornes, queue et pieds fourchus.

En 1554, vingt ans après le Camoëns, vers le temps où allait commencer la décadence italienne, naquit à Sorrento l'un des plus gracieux et parfaits poètes qui aient jamais paru : Torquato Tasso, dont la vie, comme celle de la plupart des hommes de génie, ne fut qu'une longue suite de malheurs. Organisation exquise, génie fécond et charmant, Torquato Tasso fut constamment malade, emprisonné ou pauvre, mais toujours fier. La tradition rapporte qu'il eut un amour infortuné et trop hautement placé à la cour de la maison d'Este. C'est là qu'il composa son fameux poème épique *La Jérusalem délivrée*[1], au milieu de cette cour légère et voluptueuse où l'intelligence délicate de Tasso ne rencontra, en fin de compte, qu'humiliations et amertumes. Les honneurs d'un tardif triomphe, la couronne de lauriers comme premier poète d'Italie précédèrent de bien peu sa fin. Quelques mois seulement avant son triomphe au Capitole, fatigué d'incertitudes autant que de protections hautaines, il venait de passer six mois dans un hôpital de Rome. Torquato Tasso mourut dans cette ville, en 1595, au couvent de Saint Onuphre, n'ayant connu de la vie qu'un instant de gloire et de brillant triomphe, puis de longues et amères douleurs

---

[1] Jerusalemme liberata, poème épique en vingt chants, publié en 1575.

dues, en grande partie, à son organisation aimante et tendre, mais trop susceptible.

Il y a à emprunter au poème de la *Jérusalem délivrée* la peinture que fait le Tasse du roi des enfers (Pluton), peinture qui servit, sans doute, plus tard de modèle à Milton, quand ce dernier traita le même sujet (comme nous le verrons tout à l'heure), mais avec plus de mâle énergie et en donnant à Satan une superbe et un orgueil qui ne sont pas sans grandeur.

C'est dans l'original qu'il faut lire la peinture de l'enfer et de la personne de Pluton, pour se rendre compte de la beauté du style de Torquato Tasso[1]. La traduction en vers français ci-après par Baour-Lormian, quoique assez exacte, ne peut en donner qu'une idée fort imparfaite.

Pluton, en voyant les croisés de Godefroi de Bouillon,

> .... frémit de leurs succès, ...
> Mord ses lèvres de rage et se frappant le sein,
> Tel qu'un taureau blessé, le fier archange exhale
> En longs rugissements sa douleur infernale.
>
> . . . .

---

[1] Chant IV, 1-15.

Et moi que tout le ciel voyait d'un œil d'envie,
Succombant sous le poids d'une éternelle vie,
Sans tributs, sans honneurs, banni, chargé de fers,
Mon empire se borne à ces brûlants déserts.
Ah! rallumons l'ardeur qui dévorait notre âme,
Quand autrefois, armés du fer et de la flamme,
Nous avons conspiré pour le sceptre du ciel.
... Le succès nous trahit, mais non pas la valeur.

. . . .

La trompe du Tartare en ses cavernes sombres
Rassemble tous les rois des éternelles ombres.
A ces rauques accents, l'air ténébreux répond,
L'enfer en retentit dans son antre profond.
Avec moins de fracas, la foudre tombe et roule
Sur un vaste rocher, dont le sommet s'écroule ;
La terre tremble moins sur ses axes brûlants,
Quand un soufre embrasé bouillonne dans ses flancs.

. . . .

Mais tout le noir sénat sur deux lignes embrasse
Le trône flamboyant où leur chef prend sa place.
La hauteur de son front que la foudre a frappé
Surpasse les sommets d'Atlas et de Calpé ;
Sa main droite soutient un sceptre lourd, énorme ;
L'horrible majesté de son aspect difforme
Entretient son orgueil et redouble l'effroi
Qu'inspire à tout l'enfer l'épouvantable roi.
Ainsi qu'une comète à l'ardente crinière,
Ses yeux roulent chargés d'une sombre lumière,
Et tels qu'on voit sortir de l'Etna caverneux
Des foudres, des torrents, des rochers lumineux,
Tels de sa bouche immense, immonde, ensanglantée,
S'échappent les torrents d'une flamme empestée !
« Fières divinités ! vous qu'une main fatale
Déshérite à jamais de la clarté natale. »

Dans tout ce morceau de belle poésie chez le Tasse, on voit encore ressortir les traditions du moyen-âge sur le Diable. Le Pluton de la *Jérusalem délivrée* est armé de cornes immenses ; il exhale les flammes et la puanteur de l'enfer en ouvrant sa gueule énorme, immense et profonde comme un gouffre (*voragine profonda*).

VIII

POÈTES ESPAGNOLS

Vers le 17me siècle, les poètes espagnols ont eu connaissance du Tasse et cherchent à rivaliser avec lui. Au reste, il est à remarquer qu'à cette époque, dans les arts comme dans les lettres, l'Espagne cherchait à imiter en tout l'Italie. — Parmi les nombreux et fertiles poètes espagnols qui font mention de Satan, nous ne citerons que les deux principaux : Lope de Vega et Calderón de la Barca.

Lope de Vega (1562-1635), appelé le Phénix espagnol, pour son étonnante fécondité (plus de 2000 drames), fut deux fois marié, eut plusieurs duels et, de désespoir de la mort de son fils et de sa seconde femme, il se fit prêtre.

Pendant que Cervantès, l'immortel auteur de *Dom Quichotte,* se mourait misérable et pauvre, Lope de Vega se vit, au contraire, au sommet des honneurs et des richesses. C'est en vain cependant qu'il essaya de rivaliser avec les brillants poètes italiens qui l'avaient précédé ; avec le Tasse par sa *Jerusalemme conquistada ;* avec l'Arioste par son ouvrage : *Hermosura de Angelica* (la beauté d'Angélique), il n'approcha pas de ses modèles, mais il fut le créateur du théâtre espagnol.

Il n'y a à citer de Lope de Vega, au sujet du Diable, que ses *Autos sacramentales,* espèces de Mystères chrétiens où se rencontrent et se heurtent bon nombre de personnages allégoriques assez singulièrement mis en scène. C'est ainsi que dans l'*Auto,* intitulé : *Chute du premier homme,* on voit apparaître le péché, Satan, la terre, le temps, la justice, la charité et Jésus-Christ, qui discutent gravement entre eux sur le sort final du pécheur. Il est étrange de voir le Diable mêlé à cet entretien ; mais Lope de Vega se souciait peu de toute règle, ainsi qu'il l'avoue naïvement lui-même :

« Je n'ignore pas, dit-il, les principes de
« l'art ! Dieu merci ! mais quelqu'un qui les sui-
« vrait serait bien sûr de mourir de faim ! »

Cet aveu est précieux et il est bon à suivre
encore à notre époque.

Calderon de la Barca, brillant poète espagnol
(1601-1687), fut poète après avoir porté les
armes pour son pays. — La religion et une
éternelle guerre sainte, mêlées en Espagne à
tous les souvenirs et à tous les hauts faits de la
patrie, semblent avoir fait de tous les soldats de
ce pays des prêtres et de tous ses prêtres-soldats
des poètes. — Calderon, sans parler d'œuvres
diverses, est aussi auteur de bon nombre d'*Autos sacramentales*, dont celui intitulé : *Dévotion à
la Croix* doit être mis au premier rang. C'est,
en somme, un imbroglio invraisemblable sur-
chargé d'épisodes étranges ou absurdes. La religion y est défigurée de la plus déplorable manière, ce qui paraît assez singulier dans un pays
alors soumis au tribunal de l'inquisition.

En résumant sommairement le sujet de l'*Auto*
dit : *Dévotion à la Croix,* on voit un enfant

abandonné et livré dès son bas âge aux plus mauvais instincts. Il commet plus tard les crimes les plus odieux ; il viole sa propre sœur et tue son bienfaiteur, en succombant toujours aux perfides suggestions du démon, son tentateur ; mais le Diable attend ! Il guette cette proie, pour s'en saisir au moment même de la mort. Enfin, le misérable meurt et Satan se précipite pour se saisir de cette âme si perverse et si long-temps convoitée ! Mais un ange arrive (!) et vient arracher cette âme des griffes de Satan, parce que le pieux scélérat avait toujours professé, dès son enfance, une grande dévotion à la croix de Jésus-Christ. — On conviendra facilement que la moralité de l'*Auto* de Calderon est assez singulière et hasardée, pour ne rien dire de plus.

IX

LE DIABLE CHEZ LES POÈTES ANGLAIS

Deux cent quarante-trois ans après le Dante
et peu d'années après Torquato Tasso, naquit
l'illustre poète anglais Shakespeare (1564-1616),
le plus grand poète dramatique de l'Angleterre.

Il ne parle pas du Diable. N'y croyait-il pas?
C'est fort probable. Quoi qu'il en soit, sa théo-
rie sur la vie future et les peines de l'enfer
semble être la même que celle de Virgile [1]. On
n'a, pour s'en convaincre, qu'à lire l'admirable
dialogue de Claudio et d'Isabella, dans la pièce :
Measure for measure, acte 3 :

---

[1] Quin et supremo quum lumine vita reliquit. Virg.
En. Lib. VI, 735.

CLAUDIO. « (*Death is a fearful thing,* etc.)
« La mort est une affreuse chose !!

ISABELLA. « Et la vie déshonorée une bien
« haïssable !

CLAUDIO. « Oui ! mais mourir ! aller où nous
« ne savons où ! être là, couché dans un trou
« froid et y pourrir *(to lie in cold obstruxion and*
« *to rot)* ! Ce corps chaud, qui sent et se meut,
« devenir une motte de terre pétrie *(to become a*
« *kneaded clod)* et l'esprit, tout à l'heure plein
« de joie, se baigner dans des flots de feu ou
« habiter des régions hérissées d'épaisses côtes
« de glace ! Etre emprisonné dans des vents in-
« visibles et emporté sans repos autour des
« mondes suspendus, ou bien être pis que le
« pire de ceux qui se montrent à nous, hurlant
« des pensées effrénées ou de vagues rêveries !
« Oh ! c'est trop horrible ! »

Shakespeare, ce grand poète, confondu dans
l'estime de ses contemporains avec d'autres
noms qui ne le valaient pas, vit son nom éclipsé
par la guerre civile et le puritanisme. Ce ne fut
guère que dans la seconde moitié du dix-huitième

siècle que ce nom commença à exciter l'enthousiasme de l'Angleterre et à rayonner d'un vif
éclat chez les peuples voisins. Alors seulement
les éditions de ses œuvres se multiplièrent et on
institua un jubilé en son honneur et un pélè-
rinage à sa maison de Stratford.

Près d'un siècle s'est écoulé depuis Shakespeare ; il y a environ trois cent cinquante ans
que Dante Alighieri est couché dans sa tombe ;
mais la renaissance a paru, les arts jettent un vif
éclat, le goût des lettres se ranime partout.
L'étude de la nature a pris le pas sur une sco-
lastique aride et vaine. Les mœurs tendent à
s'adoucir ; il y a bien encore, hélas ! ci et là,
trop de bûchers qui s'allument, mais on ne
brûle pas la pensée, et la flamme n'a point d'action contre la raison. Grâce à une liberté rela-
tive, la science commence à porter partout ses
investigations, et leurs résultats ne tarderont
pas à être féconds pour le bonheur de l'espèce
humaine.

Après de violentes commotions politiques,
auxquelles il se trouve activement mêlé, surgit
en Angleterre un poète illustre entre tous et

aveugle comme Homère. C'est Milton (1608 à 1674). Ainsi qu'un grand nombre de ceux auxquels a été départi le génie, Milton fut long-temps méconnu et méprisé de ses contemporains. Ce n'est que quarante ans après sa mort, lorsque sa vie et ses œuvres étaient déjà presque oubliées, que justice et gloire lui furent tardivement acquises, alors qu'Addisson apprit à ses concitoyens qu'ils possédaient un poème épique d'une grande beauté, *Le Paradis perdu*.

Dans cette épopée, Satan, le démon de Milton, brillant de jeunesse et d'orgueil, indomptable dans sa révolte éternelle et disputant à Dieu l'empire et le ciel, est, nous l'avons dit, mille fois supérieur au Lucifer du Dante, passif, hideux et immobile dans son étang de glace.

Foudroyé par Dieu avec ses anges rebelles, précipité, comme eux, dans une mer de flammes, le prince des ténèbres reprend ses esprits :

Voilà donc, dit Satan, ma nouvelle patrie !
Quel climat ! quel séjour ! . . . .
Adieu, champs de lumière, adieu, séjour de paix !

. . . .

Noir enfer, ouvre-moi tes gouffres les plus sombres.

. . . .

Eh ! qu'importe une terre ou riante ou maudite !
Ce ne sont pas les lieux, c'est son cœur qu'on habite ;
Le cœur ! de notre sort, cet arbitre éternel
Fait du ciel un enfer et de l'enfer un ciel.

. . . .

Tous les lieux sont égaux, lorsque l'âme est la même.
Viens ! je t'apporte un cœur que rien ne peut changer,
Ni les lieux, ni les temps, ni tourment, ni danger.
Reçois un malheureux qui se résout à l'être,
Qu'indigne le pardon et que révolte un maître.
Je suis libre ici-bas ; c'est assez ; j'aime mieux
Un trône dans l'enfer que des fers dans les cieux.

Après ce discours à Belzebuth et aux anges foudroyés avec lui, dans un mouvement magnifique de supériorité et de grandeur, le Satan de Milton se relève et marche vers la mer de feu. La description de cette marche est admirable d'énergie. Son corps gigantesque, appesanti par la souffrance, cicatrisé par la foudre, se traînant péniblement appuyé sur une lance plus haute que le plus fort sapin des montagnes, laisse à la place même où il était couché une vallée immense. Debout sur les rives de l'océan de feu, le discours qu'il adresse à ses bandes dévouées et rugissantes est de la plus sombre et impétueuse éloquence. — Dans tout le cours du poème se soutient cette superbe et cette énergie de langage. Chaque discours étincelle par quelque image puissante et grandiose :

Oui, qu'heureux du désordre où mon bonheur se fonde,
Satan seul soit debout sur les débris du monde.
Milton, Liv. IX, trad. de Delille.

Il n'a pas suffi au poète anglais d'avoir imprimé à Satan ce caractère d'audacieuse et éternelle révolte ; il a su même rendre l'ange de ténèbres intéressant et parfois digne de pitié, sinon d'admiration ! Ainsi quand il reproche à Dieu son éternel châtiment :

« Elle est lourde la dette qu'on acquitte sans « cesse, tout en demeurant insolvable ! »

Plus ému que Jehova, à la vue de la douleur poignante d'Eva, il lui dit :

« Hélas ! oui, je suis ton ennemi ; pourtant « je ne te hais point... En te voyant aussi mal- « heureuse, j'ai pitié de toi, moi dont nul n'aura « jamais pitié !... »

La *Messiade* du poète allemand Klopstock est un poème très long, mais renfermant de grandes beautés, quoiqu'il soit bien loin de valoir le *Paradis perdu*. Klopstock paraît avoir eu le dessein de critiquer ou de corriger certains passages de l'enfer de Milton. Quoi qu'il en soit, le poète allemand ouvrit une ère nouvelle par sa *Messiade*, longue, monotone et diffuse composition, bien inférieure, sans doute, au poème de Milton, mais digne encore d'admiration çà et là par de beaux éclairs et partout par la pureté et l'élévation du sentiment religieux.

Klopstock présente un tableau à grand effet et d'un vif intérêt descriptif dans la scène suivante : Au milieu du cénacle infernal des anges rebelles, le démon Abbadona adresse de sanglants reproches à Satan :

« C'est toi, dit-il au roi des enfers, c'est toi « qui as troublé le ciel et la terre par ton or- « gueil, tes fureurs et ta vengeance ; c'est toi, « misérable, qui, par ta furieuse démence, nous « as tous sacrifiés et réduits à l'épouvantable état « où nous sommes. »

Satan, transporté d'une fureur effrayante, s'avance contre cet accusateur, il lève sur lui son formidable poing, pour l'écraser ; mais ce bras retombe à l'instant inerte et sans force, frappé de paralysie, par ordre de Dieu. Satan rugit de fureur à ce coup inattendu ; il frappe du pied la terre et la creuse profondément, puis il s'enfuit en frémissant d'une rage impuissante !

On ne peut que mentionner, sans s'y arrêter, les faibles efforts des poètes français, pour rivaliser avec Milton ou pour réagir contre la peinture de son enfer. Dans un ouvrage incomplet ou resté inachevé, Laharpe met ce vers dans la bouche de Satan :

Oui, moi-même je hais les crimes que j'inspire !

Au lieu du Mammon féroce et cupide de Milton, Laharpe le présente ainsi :

Mammon . . . . jadis dans les cieux honoré,
Dans la rébellion par faiblesse attiré,
De ses honneurs perdus tourmenté dans sa chaîne,
Conserve au séducteur une implacable haine.

Si, sous quelques rapports, ce langage paraît correct et vrai de situation, il n'y a rien là de vraiment poétique, ni de grandiose comme Milton, il est plus banal et terre à terre.

On ne saurait, après la digression ci-dessus, oublier le poète irlandais Burns, dans ses appréciations sur Satan. Robert Burns, poète humoristique, fort goûté en Angleterre, mort en 1796, à l'âge de trente-sept ans, est auteur d'un volumineux recueil de pièces légères pleines de gaîté, de naïveté et d'humour. Il commence ainsi son interpellation au Diable :

« Oh ! toi ! de quelque nom qu'il faille te « nommer (suit une kyrielle de noms et ap-« pellations diverses, la plupart intraduisibles « en français), toi, qui, dans ta caverne noire « et charbonneuse, toutes écoutilles fermées, « remues sans cesse dans ta chaudière un mé-« lange de soufre et de poix ardente pour « échauder des misérables.

« Ecoute-moi un instant, vieux Nicolas *(old « Nick)* ! et laisse respirer tes damnés ! Je ne « comprendrai jamais quel plaisir il peut y avoir, « même pour un diable, à écorcher et à rôtir « de pauvres créatures comme moi et à les en-« tendre hurler ! »

Il y a bon nombre de strophes du même

genre dans lesquelles Burns reproche à Satan ses méfaits :

« Soulever le vent et les tempêtes, tourmen-
« ter les vivants, découvrir la tombe des morts,
« apparaître en feu follet pour égarer les voya-
« geurs, faire aigrir le lait des ménagères, se
« cacher dans les roseaux pour épouvanter les
« hommes, et y siffler comme un serpent ou un
« crapeau.

« Oh! chien maudit! Au paradis, tu as perdu
« nos premiers parents, etc., etc. Sur le pauvre
« Job, tu as déchaîné tous les accidents et les
« malheurs et surtout le pire de tous les fléaux :
« une méchante femme!! Oh! vieux Clootz!
« ne pourras-tu donc un jour te convertir?... »

Ici, Burns semble croire, comme Origène, à la conversion possible de Satan ; de plus, Origène émit l'opinion, qu'un jour Satan serait pardonné par Dieu.

Lord Byron. — Dans un genre bien différent, Lord Byron (1788-1824) représente Lucifer comme le séducteur par excellence. Dans le mystère de Caïn, c'est Lucifer qui exalte Caïn

et le pousse par ses amers sarcasmes et la jalou-
sie qu'il excite en lui, à tuer son frère Abel.

Quelques mots sur le célèbre poète avant de
donner un spécimen du mystère de Caïn.

Lord Gordon Byron, mort à Missolonghi,
présenta dans sa vie le bizarre mélange et la
lutte constante d'un besoin inné de croyance
et d'amour, puis d'amer persifflage et scepticisme. A ce génie malheureux il fut donné de
percevoir et de décrire, dans un magnifique
langage, les plus hautes et les plus nobles sen-
sations de l'âme, puis tout à coup de les siffler
et ridiculiser d'un rire moqueur et sardonique
qui glace le lecteur, comme un ricanement sinistre de la puissance infernale. Il y a une
grande vérité dans cette phrase emphatique et
prétentieuse de Moore sur son ami Byron : La
marche triomphale de son génie devait passer
sur les ruines de son cœur !

Le mystère de Caïn est une amère et déses-
pérante déclamation contre la Providence. On
y sent l'orgueil titanique d'un révolté contre
Dieu, d'un ange déchu, broyé sous l'humiliation de sa chute et le sentiment de son impuis-

sance, excepté pour le mal. — Presque toutes les admirables poésies de lord Byron présentent ce blasphème incessant; leur véhémence même trahit l'ulcération d'un cœur né sensible et bon, mais tyrannisé par l'orgueil et aigri par le ressentiment de vives douleurs.

Le dialogue entre Caïn et Lucifer commence ainsi :

« Tu es beau, plus qu'aucun des anges que « j'ai vus; mais pourquoi ta physionomie est- « elle empreinte de tristesse, pendant que celle « des autres anges est radieuse de joie?

Lucifer. « C'est que je réfléchis à ma des- « tinée et à la tienne et que je sais à quelles mi- « sères celui que tu adores a condamné ta pos- « térité ! »

Tout le reste du dialogue est empreint de ce farouche langage de Lucifer, qui ne quitte Caïn qu'après avoir surexcité en lui toutes les passions mauvaises et l'avoir conduit directement et fatalement au fratricide.

Cela dit, le *Mystère de Caïn* renferme de splendides beautés poétiques, mais la lecture en est malsaine.

X

LE DIABLE ET LES POÈTES ALLEMANDS, RUSSES, POLONAIS, etc.

Depuis le Dante, Shakespeare, Milton, etc., le temps a marché ; la civilisation et le progrès ont amené des idées neuves, de nouveaux besoins et des aspirations ardentes en toutes choses. Une société nouvelle a surgi après de profondes commotions religieuses et politiques. La poésie s'est imprégnée de ces aspirations, ainsi que des mœurs nouvelles.

Entre le siècle passé et le siècle actuel brille Gœthe (1749-1832), génie presque universel dans tous les genres, aussi profond en philosophie qu'en fine raillerie. Il crée les personnages de Faust et surtout de Méphistophélès, ce diable élégant et au beau langage, gentleman savant en toutes choses, qui prodigue les bons conseils, pour mieux induire à mal et arriver à son but. Généreux de son escarcelle, comme de sa science et de son esprit, Méphistophélès sème les ducats d'or, ainsi que les perles de son bon sens et de sa raillerie ironique. S'agit-il du Diable, il constate, avec un trésor de bonnes raisons, que l'humanité ne fait que changer les noms du Diable, que le Diable est surtout dans les vices sociaux et que, sous ce rapport, il est aussi éternel et indispensable que la nuit et le mal

Dans le second Faust, œuvre de la vieillesse de Gœthe, Méphistophélès prend à partie les instincts cupides et la crédulité de son siècle égoïste et personnel. Il connaît à fond les mesures de banque et de finances, les agissements des agioteurs et les besoins du fisc toujours à sec et toujours insatiable. Devenu directeur des finances d'un Etat allemand, dont les caisses sont vides, il annonce à grand bruit et renfort de réclames, selon l'habitude du jour, l'ouverture d'un emprunt de cent mille couronnes d'or, emprunt hypothéqué sur un trésor immense enfoui dans le sol de l’empire. Le crédule populaire de toutes classes accourt avec empressement apporter son or et ses banknotes au trésor public; les caisses vides regorgent alors de valeurs sonnantes, et le fameux emprunt est couvert cent fois autant que se couvre aujourd’hui un emprunt d’Etat émis sur solides garanties. D’autre part, les cupides et les crédules remuent avec ardeur, de fond en comble, le sol de l’empire, pour s’approprier secrètement partie du mystérieux trésor. Ce travail incessant doit produire la fertilité du sol et fera rentrer par mille canaux un nouvel argent au trésor public.

Voilà, certes! une des plus remarquables transformations de Satan. Il s’est fait et incarné le vrai démon de son époque, préoccupée d’intérêts matériels, de commandites, de sociétés d’actionnaires, comme l’*Union générale* et cent autres pareilles! Ce n’est plus le Satan justicier juif; ce n’est plus le roi des incubes et des succubes et des sorciers du sabbat; pas davantage le Lucifer larmoyant, à ailes de chauve-souris, de Dante, ni le brillant archange rebelle du

Tasse et de Milton. C'est le vrai et parfait financier de nos jours !

On ne saurait omettre non plus certaines prouesses du Diable, d'après la légende du célèbre Faust polonais Twardowski. Il obéit à deux diables ; on ne sait lequel est le pire des deux : soit de Satan, avec qui il a fait un pacte, soit de sa femme, la belle et méchante Twardowska, satan en velours et en fourrure de zibeline ! Le mari donne une grande et brillante fête ; tout à coup, le Diable paraît, son pacte à la main, et il en réclame l'exécution séance tenante. Madame Twardowska se fait donner le pacte, pour le lire, et elle s'aperçoit qu'il lui est accordé d'imposer trois conditions au Diable. En Diable galant, Satan se soumet à les remplir, même sous la menace que, s'il échoue dans une seule des trois, le pacte infernal est annullé.

La première condition que Twardowska impose à Satan, c'est de lui amener vivant, sellé et prêt à être monté, un cheval qu'on lui désigne peint à fresque sur une des murailles. En un tour de main, Satan s'exécute, et le cheval peint s'anime, se détache de la muraille et s'avance fringant et pimpant, conduit en laisse par le Diable. La belle s'élance sur le dos du coursier et on la voit joyeusement caracoler sur le cheval.

La seconde condition est que Satan prendra un bain chaud, mais devant elle et sans se gêner en rien par des considérations hypocrites de décence et de convenance. Le Diable accepte encore, et on apporte une énorme cuve remplie jusqu'aux bords d'eau bénite. On voit Satan faire une horrible grimace à l'aspect de l'eau bénite. Mais enfin, il se décide en frémissant ; et hurlant de douleur et de rage, il se plonge dans la cuve, dont on voit l'eau s'évaporer en fumée et en jets bouillonnants !

« Ma troisième et dernière condition te sera
« la plus douce et la plus facile, reprend la
« dame avec un charmant sourire : La première
« année que mon mari va passer en enfer, toi, tu
« la passeras près de moi, en me jurant amour,
« respect, fidélité et obéissance. »

A peine a-t-il entendu cette demande que le Diable fait un bond terrible pour s'enfuir ;

mais l'habile femme a pris les devants, fermé sa porte à clé, et elle retient le Diable prisonnier! La terreur de Satan est telle qu'il se transforme en fil ténu et s'enfuit par le trou de la serrure, laquelle, depuis lors, est restée noire et puant le soufre. Le pacte fut ainsi rompu! Quelle femme! et quel bon Diable!

Voyons enfin comment Henri Heine, poète allemand contemporain, traite le Diable en rêveur et en sceptique dans *Le Retour (Heimkehr)*, strophe 33 :

« J'appelai le Diable et le Diable vint. A sa
« vue, je fus saisi d'étonnement! Il n'est pas
« laid, il ne boite pas. C'est un aimable et char-
« mant homme, un homme à la fleur de l'âge,
« obligeant, poli et qui sait son monde; c'est
« un diplomate consommé; il parle fort bien sur
« l'Eglise et sur l'Etat. »

« Il est un peu pâle, mais ce n'est pas chose
« surprenante; il s'est mis à étudier Hegel et le
« sanscrit! Son poète favori est toujours Klop-
« stock; il ne veut plus se mêler de critique, il
« a laissé pour toujours cette besogne à sa chère

« grand'mère Hécate. — Il m'a loué des efforts
« que je consacre à l'étude du droit; lui-même
« s'en est occupé dans sa jeunesse. Il m'assura
« que mon amitié n'aurait jamais trop de prix
« pour lui et, en me disant cela, il s'inclina poli-
« ment et me demanda si nous ne nous étions
« pas déjà rencontrés chez l'ambassadeur d'Es-
« pagne. En effet, quand je vis de plus près son
« visage, je reconnus en lui une ancienne con-
» naissance.

Strophe 34 : « Homme! ne te moque pas du
« Diable! La vie est courte et la damnation
« éternelle n'est pas une vaine imagination po-
« pulaire ! »

Quelle ironie dans ces paroles et cette strophe
34 succédant à 33 et au portrait de Satan ! !
Après tous les Satans, chefs d'armée, rai-
sonneurs, éloquents, financiers, hommes du
monde, diplomates, etc., que nous avons pré-
sentés dans les œuvres des poètes, il ne restait
plus qu'à rencontrer un diable sentimental ou
un satan amoureux. Eh bien, celui-là existe
aussi, il est même assez fraîchement sorti de

presse et nous le trouvons dans les œuvres brillantes et peu connues de Lermontof, un des poètes byroniens de la jeune génération russe de notre siècle. Un dégoût amer de la vie, une impie et magnifique audace, un esprit avide et contempteur, de grandes espérances, un plus grand désespoir, tels sont les caractères de la poésie russe avec Lermontof, Pouschkine[1], etc. Cette génération hautaine passa vite et fut emportée par des tourbillons et des fins tragiques. Gribojedoff, l'aîné de ces poètes, périt en Perse, dans un massacre. Pouschkine envia cette mort *belle et subite*, et Pouschkine fut, à son tour, tué d'une balle, en duel, à trente ans. Lermontof, quelques années après, tomba également, au Caucase, à vingt-six ans, dans une lutte particulière qu'il avait obstinément provoquée.

Voici maintenant le langage poétique, éloquent, capable d'émouvoir les âmes sensibles, les femmes nerveuses (et les natures incom-

[1] Voir Anatole France. *Le Temps,* numéro du 12 janvier 1877.

prises), que Lermontof place dans la bouche de son démon :

> Si tu pouvais savoir quelle fatigue immense
> J'éprouve à vivre ainsi des jours sans espérance,
> Des siècles infinis, toujours seul, isolé,
> Traînant partout l'ennui dont je suis accablé !
> Tamara ! Tamara ! si tu pouvais comprendre
> Ce que c'est que jouir et souffrir, sans attendre
> De pardon pour le bien, d'éloges pour le mal,
> Enserré frémissant dans un cercle fatal,
> Vivre ennuyé de soi, pour soi, las d'une lutte
> Sans triomphe et sans paix, tout meurtri de sa chute,
> Sans cesse regretter et jamais désirer,
> Tout savoir, tout sentir, tout voir, tout exécrer,
> Et n'avoir dans le cœur que dédain et blasphème !!
> . . . .
> Sur moi grondait encore le terrible anathème,
> Que pour moi la nature et ses baisers de feu
> Se glaçaient pour jamais sous le courroux de Dieu !

Ces vers sont beaux, il y a quelques belles pensées ; mais quelle différence, cependant, entre ce Satan ému, beau parleur, ennuyé, infatigable pour le repos, blasé, comme son époque, et l'énergique et belliqueux Lucifer de Milton ou le sinistre archange de Lord Byron !!

XI

RÉFLEXIONS

Nous terminons ici cette physiologie du Diable à travers les poètes et les âges, bien qu'il y aurait encore beaucoup à dire et de nombreuses et intéressantes citations à faire. Quelques réflexions avant de finir :

1° On voit, à mesure qu'on s'éloigne du moyen-âge et de ses lugubres traditions, le Diable s'humaniser peu à peu chez les principaux poètes et perdre ses attributs hideux ou féroces. Comme l'a si bien dit Gœthe, dans son Méphistophélès, le Diable éternel sera toujours à chercher dans les vices sociaux, et ceux-ci vont aussi en se modifiant, selon les lieux et les temps.

2° Enfin, comment se peut-il que Satan, dans les 15me, 16me et 17me siècles, à l'apogée de sa puissance, ait pu inspirer tant de terreur et d'épouvante, lorsqu'il résulte même des terrifiantes légendes de l'époque qu'il se montrait bien niais, bien crédule, bien facile à tromper, le plus souvent d'une naïveté plus grande que celle d'un enfant de dix ans? — Dans la *Légende dorée* de Jacques de Voragine, on lit que le Diable ne voulait plus se contenter d'une promesse verbale (?), ni même d'un pacte écrit et signé du sang des chrétiens, parce que ceux-ci étaient des tricheurs et des trompeurs *(sic)* et qu'à peine avaient-ils obtenu les biens qu'ils convoitaient, ils se riaient de lui et le chassaient avec un signe de croix ou la vue d'une relique.

Les légendes abondent en tous pays sur ces tromperies faites au Diable, après en avoir obtenu l'objet demandé. — Ainsi on raconte que Satan fournit des plans magnifiques pour la construction de l'église d'Aix, mais en se réservant la première personne qui entrerait dans l'édifice une fois achevé. Lorsque celui-ci fut terminé, on y poussa à coups de bâton et de piques une truie (?) et le pauvre Satan en fut pour ses frais!

Selon la tradition encore, l'architecte de la célèbre cathédrale de Cologne eut également recours à Satan pour les dessins et l'ornementation de ce splendide monument. Le Diable vint à maintes reprises, après l'achèvement, requérir le prix de son marché. Un pacte bien en règle et duement signé avait été dressé. C'était l'architecte lui-même qui se vouait corps et âme au Diable; à chaque nouvelle visite de Satan, réclamant l'exécution du contrat, l'architecte brandissait sous le nez du Diable un os des onze mille vierges, et le malin esprit s'enfuyait en hurlant de colère et de douleur (?). De pareilles traditions abondent partout, en Suisse aussi bien qu'ailleurs. Nous n'en citerons qu'une entre mille; c'est celle de la construction par Messire Satan du pont de Tusy sur la Sarine.

La commune de Pont-la-Ville manquait d'argent. Un seigneur richement habillé en vert s'offre gracieusement à bâtir le pont à ses frais, ne réclamant pour salaire que le premier être vivant qui passerait par dessus. Le marché est accepté, mais Satan fut reconnu à ses griffes au moment où il tendait la main pour conclure, selon l'habitude. Grande fut alors la terreur des pauvres campagnards; mais un malin (il y en avait à cette époque à Pont-la-Ville) promit de les sortir d'embarras. On entendit toute la nuit suivante des cris et des rumeurs étranges vers la rivière. Dès le lendemain, on vit un beau pont neuf, d'une seule arche, qui enjambait hardiment les deux rives. Satan était gravement assis sur le parapet, attendant sa proie. Voici bientôt venir le malin, accompagné en foule des gens du village. Il portait mystérieusement sous chaque bras deux sacs dont le contenu s'agitait en frétillant. Le rusé campagnard ouvrit avec prudence ses deux sacs à l'entrée du pont. Le premier sac contenait des rats, le second des chats. On juge de l'empressement des rats, poursuivis par les chats, à franchir le pont! Cruel désappointement du Diable! Il s'enfuit en sifflant d'une manière horrible et en laissant après lui un puant sillage de fumée

et de soufre! Et ce fut tout! Mais on s'em-
pressa de sauvegarder le nouveau pont en le
bénissant et en y plaçant une croix à chaque
abord. Telle est la tradition ou la légende!

XII

CONCLUSION

Après tout ce qui précède, il y aura sans
doute encore bien des personnes tentées de se
demander sérieusement s'il ne faut pas croire à
l'existence d'un démon malfaisant qui cherche
sans cesse à nous dévorer (*quærens quem devoret*)?
Plusieurs hésiteront à se prononcer en présence
des deux bulles des papes Innocent VIII et
Adrien VI, qui affirment démons et sorciers et
ordonnent d'exorciser les uns et de poursuivre
les autres !

Vrai est-il que ces deux bulles sont tombées
en désuétude, de même que le fameux *Rituel
de l'exorcisme des sorciers*. Vrai est-il que les pos-
sédés de jadis n'étaient que des malheureux

sujets à des maladies nerveuses et les sorcières
des derniers siècles de pauvres femmes folles,
hallucinées ou hystériques! — Et pourtant, on
exorcise encore, ci et là, dans certains cou-
vents de capucins; on prétend ainsi chasser le
démon avec quelques prières, un peu d'eau bénite et des cierges!

On voit même encore d'honnêtes campagnards protestants accourir chez les mêmes capucins pour dégager leur bétail du maléfice et
du sort jeté par le *mauvais!* Ah! la crédulité et
la sottise humaine sont indestructibles!

Toutefois à ceux qui pourraient encore aujourd'hui s'effrayer des entreprises du Diable,
nous dirons de lui ce que le courageux Baltha-
sar Bakker disait en 1693 des sorciers :

« Il n'y a de sorciers que là où l'on y croit;
« n'y croyez pas, et il n'y en aura plus!! »

Aujourd'hui que la religion a partout besoin
de s'appuyer sur la raison, en même temps que
sur la foi éclairée, une critique des aberrations
de nos pères est utile et nécessaire pour faire
discerner le faux du vrai. Le christianisme n'a

rien à y perdre, au contraire; débarrassé des langes de la superstition, il n'en sera que plus attrayant et plus chrétien !

Enfin, en jetant sur le passé un triste regard rétrospectif, en voyant pendant plusieurs siècles régner tant de déraison, d'absurdités et d'iniquités, on serait tenté de s'écrier avec le roi prophète :

« *Domine ! narraverunt mihi fabulationes sed* « *non ut lex tua.* »   (Ps. CXVIII, 85.)

Le Bibliophile C. P.

TABLE

Chapitre VII.

Chapitre VIII.

Chapitre IX.

Chapitre X.

Chapitre XI.

Chapitre XII.

EN PRÉPARATION

DU MÊME AUTEUR

Voyage d'un sceptique de l'Orient à l'Occident à travers les ridicules et les préjugés

Psychologie de la femme de tous pays et de tous âges

www.ingramcontent.com/pod-product-compliance
Ingram Content Group UK Ltd.
Pitfield, Milton Keynes, MK11 3LW, UK
UKHW021744090726
13657UKWH00002B/923